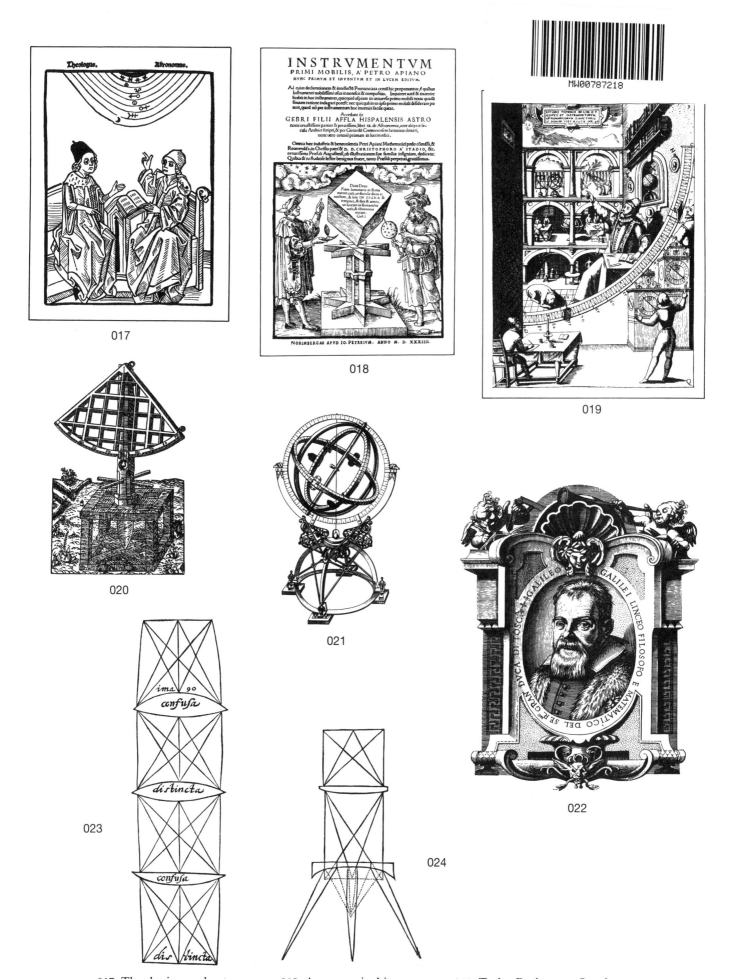

017. Theologian and astronomer. **018.** Astronomical instruments. **019.** Tycho Brahe. **020.** Quadrant.
021. Equatorial armillary sphere. **022.** Galileo Galilei. **023, 024.** Optical principle of the first telescope.

025

026

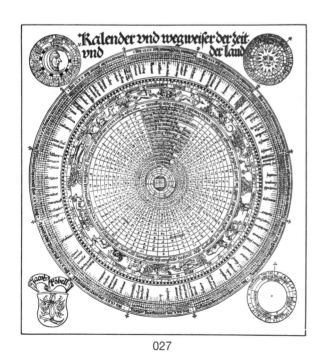

027

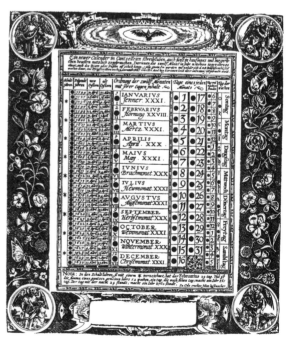

028

025, 026. Representation of Astronomy. **027.** Roman Julian calendar. **028.** Office calendar.

EGYPTIAN SYMBOLS

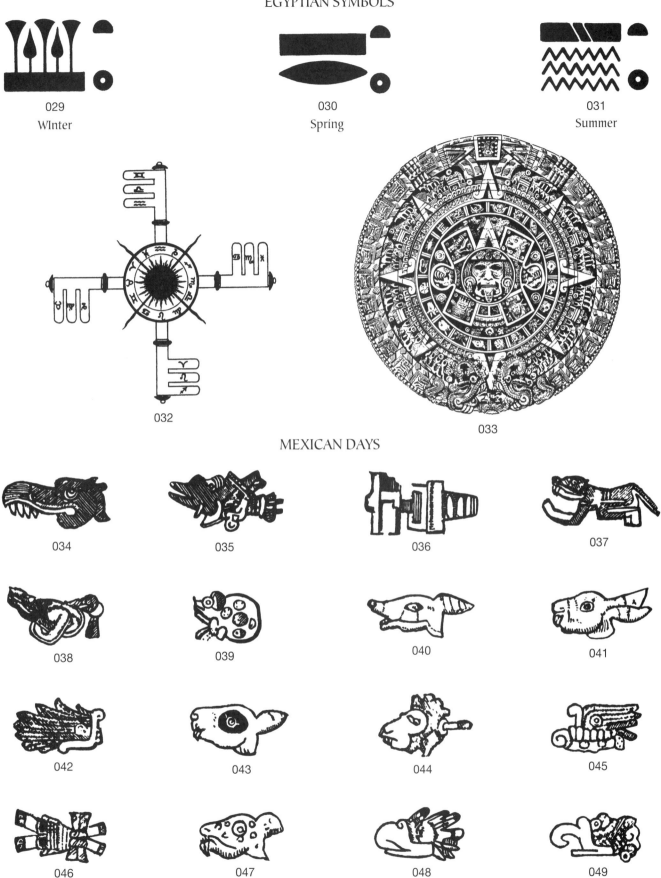

029
WInter

030
Spring

031
Summer

032

033

MEXICAN DAYS

034

035

036

037

038

039

040

041

042

043

044

045

046

047

048

049

029. Akhet. **030.** Pert. **031.** Shemu. **032.** Astrological key. **033.** Mexican calendar stone. **034.** Cipac. **035.** Ehecatl.
036. Calli. **037.** Quetzpalin. **038.** Cohuatl. **039.** Miquitzli. **040.** Matzatl. **041.** Tochtli. **042.** Atl. **043.** Itzcuintli.
044. Ozomatl. **045.** Malinalli. **046.** Acatl. **047.** Ocelotl. **048.** Quauhtli. **049.** Cozeaquauhtli.

MEXICAN DAYS

EIGHTEEN MAYAN MONTHS

050. Ollin. **051.** Tecpatl. **052.** Quiahuitl. **053.** Xochitl. **054.** Pop. **055.** Uo. **056.** Zip. **057.** Tzoz. **058.** Tzec. **059.** Xul. **060.** Yaxkin. **061.** Mol. **062.** Chen. **063.** Yax. **064.** Zac. **065.** Ceh. **066.** Mac. **067.** Kankin. **068.** Muan. **069.** Pax. **070.** Kayab. **071.** Cumhu. **072.** Hour. **073.** Day. **074.** Day and night. **075.** Week. **076.** Month. **077.** Year.

078

079

080

081

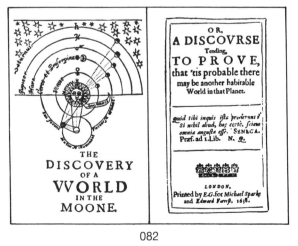

082

083

078. Sibyl. **079.** Flight of Daedalus and the fall of Icarus. **080.** Tower of Babel. **081.** Dante and Beatrice entering the Heavens. **082.** From Bishop John Wilkins' *The Discovery of a World in the Moone.* **083.** From Cyrano de Bergerac's *L'Autre Monde, voyage interplanetaire et imaginaire.*

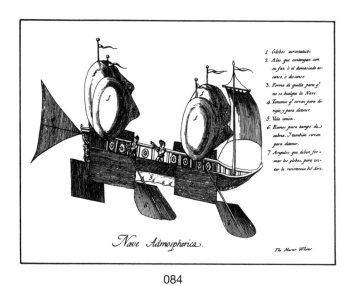

084

085

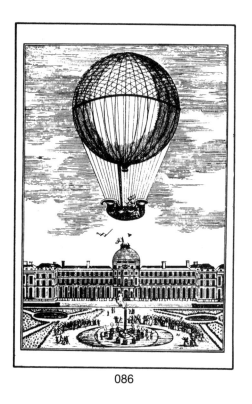

086

087

088

089

090

084. Dirigible airship. **085.** Electrical flying machine. **086.** First ascent in a manned balloon.
087, 088. From Jules Verne's *From the Earth to the Moon, and a trip Round it.* **089.** Fixed star.
090. Greek goddesses of night and day attending to the Milky Way.

091

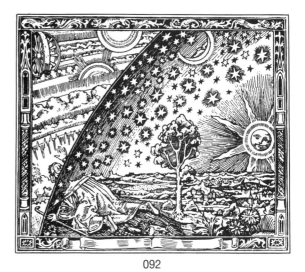

092

093

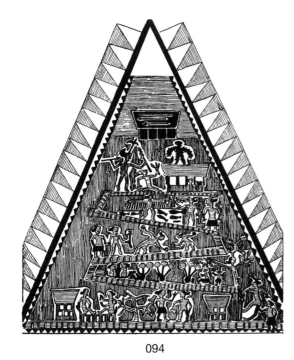

094

095

091. Angels guiding the souls on the celestial highway into Heaven. **092.** Medieval astronomer trying to discover the secrets behind the Milky Way. **093.** Seven planetary gods. **094.** Spirits of slain heroes wandering over the White Way into heaven. **095.** Seven planets.

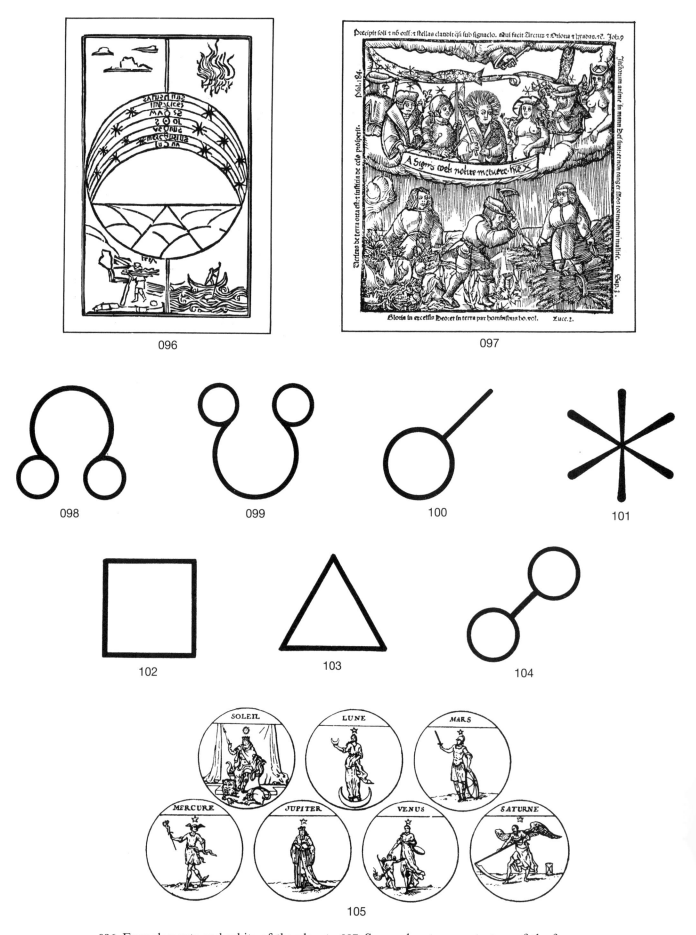

096. Four elements and orbits of the planets. **097.** Seven planets as protectors of the farmers.
098. Ascending node. **099.** Descending node. **100.** Conjunction. **101.** Sextile. **102.** Quadrante.
103. Trine. **104.** Opposition. **105.** Talismans for the seven days of the week.

Hie hebt sich an das
buch des glucks der kinder Adams

106

Das
große, älteste, vollständigste
Aegyptisch=persische
Planetenbuch.

107

DIES PRIMVS   DIES SECVNDVS

DIES TERCIVS   DIES QVARTVS

DIES QVINTVS   DIES SEXTVS

108

109

106. From a German astrological volume. **107.** From *Egypto-Persian Book of Planets*.
108. Six days of creation. **109.** Sunday chart.

110. Sun and the moon. **111.** Sol. **112.** Sun. **113.** Persian sun god. **114.** Solar barge of the Ancient Egyptians. **115.** Sun as God. **116.** Rising sun. **117.** Aztec sun chief.

118

119

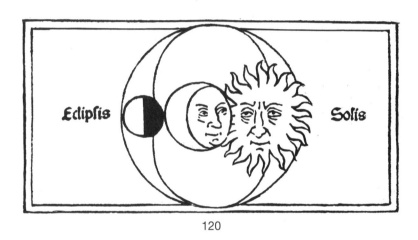

Eclipſis   Solis

120

Die edel ſon

121

122

123

118. Children of the sun. **119.** Colossus Solis. **120.** Solar eclipse. **121.** Sun as ruler of the day.
122. Sun symbol. **123.** Sun, Sunday.

124. Luna. **125.** Moon. **126.** Man in the moon. **127.** Moon rabbit of the Aztecs. **128.** Lunar barge of the Ancient Egyptians.
129. West Indian symbol of the moon. **130.** Three-legged moon toad. **131.** Moon woman of the Haida Indians.

132. Children of the moon. **133.** Topographic views of the moon. **134.** Lunar eclipse.
135. Moon phases. **136.** Moon symbol. **137.** Moon, Monday. **138.** Mercurius.

139

140

141

142

143

144

145

139. Children of the planet Mercury. **140, 142.** Mercury. **141, 143.** Mercury symbols.
144. Mercury, Wednesday. **145.** Venus.

16

146

147

148

149

150

151

152

146. Children of the planet Venus. **147, 149.** Venus. **148, 150.** Venus symbols. **151.** Venus, Friday. **152.** Mars.

153

154

155

156

157

158

159

153. Children of the planet Mars. **154, 156.** Mars. **155, 157.** Mars symbols. **158.** Mars, Tuesday. **159.** Jupiter.

160. Children of the planet Jupiter. **161.** Marduk, the Creator. **162, 164.** Jupiter symbols.
163. Jupiter. **165.** Jupiter, Thursday. **166.** Saturnus.

167. Children of the planet Saturn. **168.** Nisroch, Assyrian hunting god. **169, 171.** Saturn symbols. **170.** Saturn. **172.** Saturn, Saturday. **173.** Earth.

174

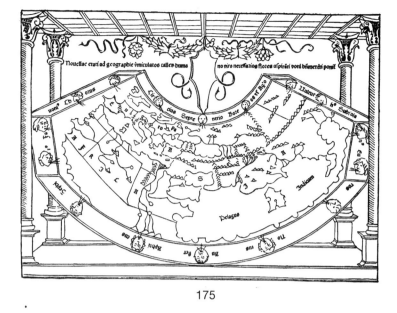

175

176

177

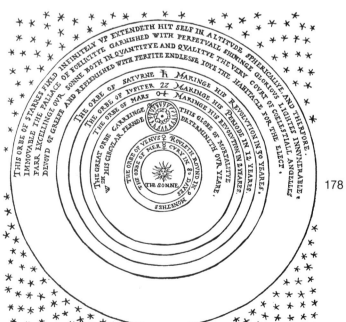

178

174. Earth symbol. **175.** Earth segment. **176.** Anglo-Saxon map.
177. Pre-Copernican universe. **178.** Copernican universe.

179

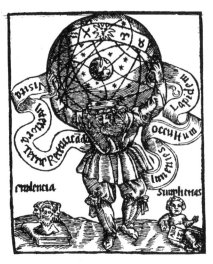

180

181

182

183

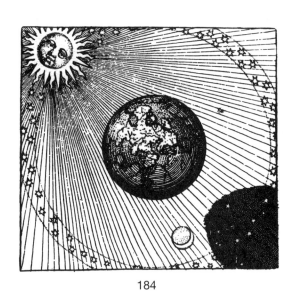

184

179. Magellan's ship Victoria. **180.** Atlas. **181.** World-bearing catfish.
182. Earth, Aztec symbol. **183.** Hopi Indian earth-woman. **184.** Earth.

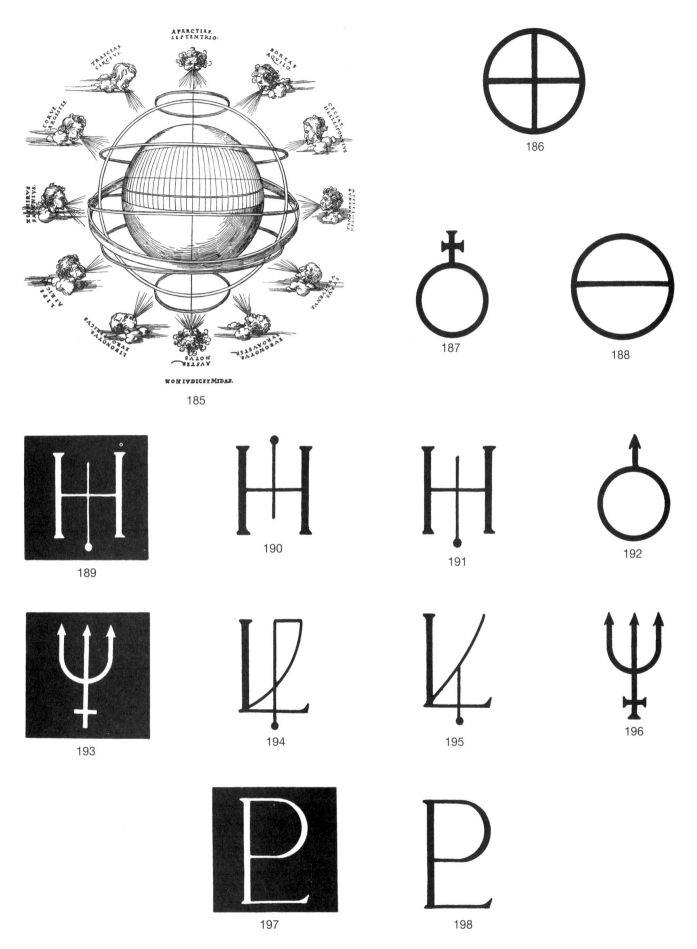

185. Earth surrounded by twelve wind gods. **186–188.** Earth symbols. **189–192.** Uranus symbols.
193–196. Neptune symbols. **197, 198.** Pluto symbols.

199. Equinoce daufonne. Six lignes par lesquelles le soleil descend du solstice deste au solstice dpuer.

Solstice deste.

Solstice dpuer.

Equinoce de printemps. Six lignes par lesquelles le soleil monte du solstice dpuer au solstice deste.

199

200

201

202

203

204

205

199–201. Zodiac. **202, 205.** Armillary sphere with zodiac. **203.** Urania holding armillary sphere with zodiac.
204. Antipodal angels holding armillary sphere with zodiac.

206

207

208

209

210

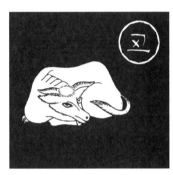

211

212

213

214

215

216

217

Japanese Zodiac: 206. Tatsu. **207.** Tora. **208.** Net. **209.** Mi. **210.** U. **211.** Ushi.
212. Inu. **213.** Saru. **214.** Uma. **215.** I. **216.** Tori. **217.** Hitsuji.

218 219 220 221

222 223 224 225

226 227 228 229

230

231

218–229. Javanese zodiac signs. **230.** Hindu zodiac. **231.** Constellation Aries.

232, 236. Aries symbols. **233.** Constellation Aries. **234.** March and Aries. **235.** Aries. **237, 239.** Constellation Taurus. **238, 242.** Taurus symbols. **240.** April and Taurus. **241.** Taurus.

27

243
244
245
247
246
248
249
250
251

243, 245. Constellation Gemini. **244, 248.** Gemini symbols. **246.** May and Gemini.
247. Gemini. **249.** Cancer symbol. **250, 251.** Constellation Cancer.

252. June and Cancer. **253.** Cancer. **254, 257.** Leo symbols. **255.** Cancer symbol.
256, 258. Constellation Leo. **259.** July and Leo. **260.** Leo.

261, 263. Constellation Virgo. **262, 266.** Virgo symbols. **264.** Virgo. **265.** August and Virgo.
267. Libra symbol. **268, 269.** Constellation Libra.

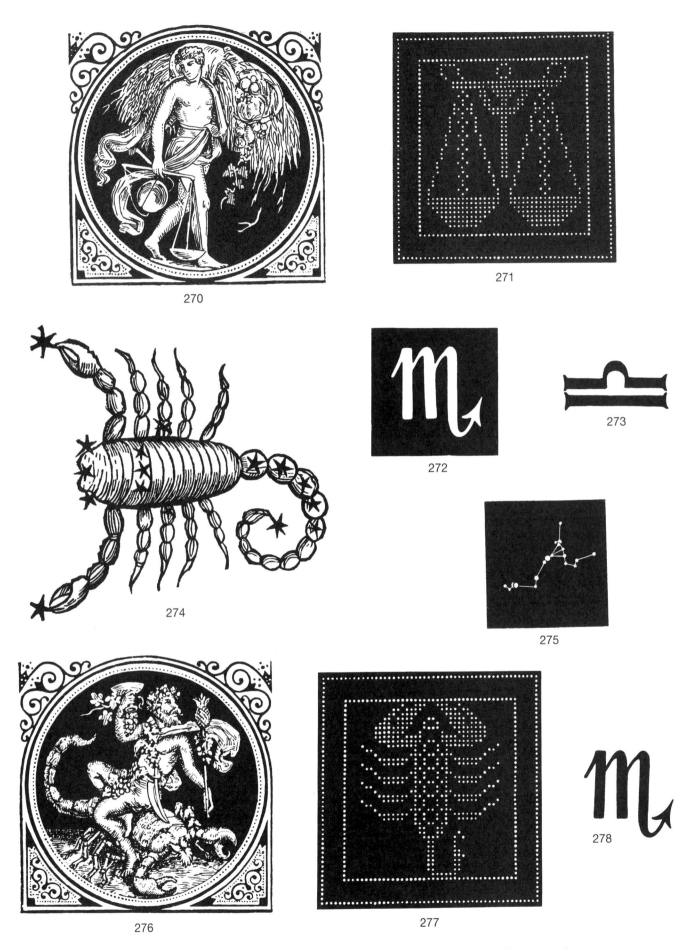

270. September and Libra. **271.** Libra. **272, 278.** Scorpio symbols. **273.** Libra symbol.
274, 275. Constellation Scorpio. **276.** October and Scorpio. **277.** Scorpio.

279, 281. Constellation Sagittarius. **280, 284.** Sagittarius symbols. **282.** November and Sagittarius.
283. Sagittarius. **285.** Capricorn symbol. **286, 287.** Constellation Capricorn.

288. December and Capricorn. **289.** Capricorn. **290.** Capricorn symbol. **291, 293.** Constellation Aquarius. **292, 296.** Aquarius symbols. **294.** January and Aquarius. **295.** Aquarius.

297, 299. Constellation Pisces. **298, 302.** Pisces symbols. **300.** February and Pisces. **301.** Pisces.
303. Celestial globe. **304.** Southern hemisphere of celestial globe.

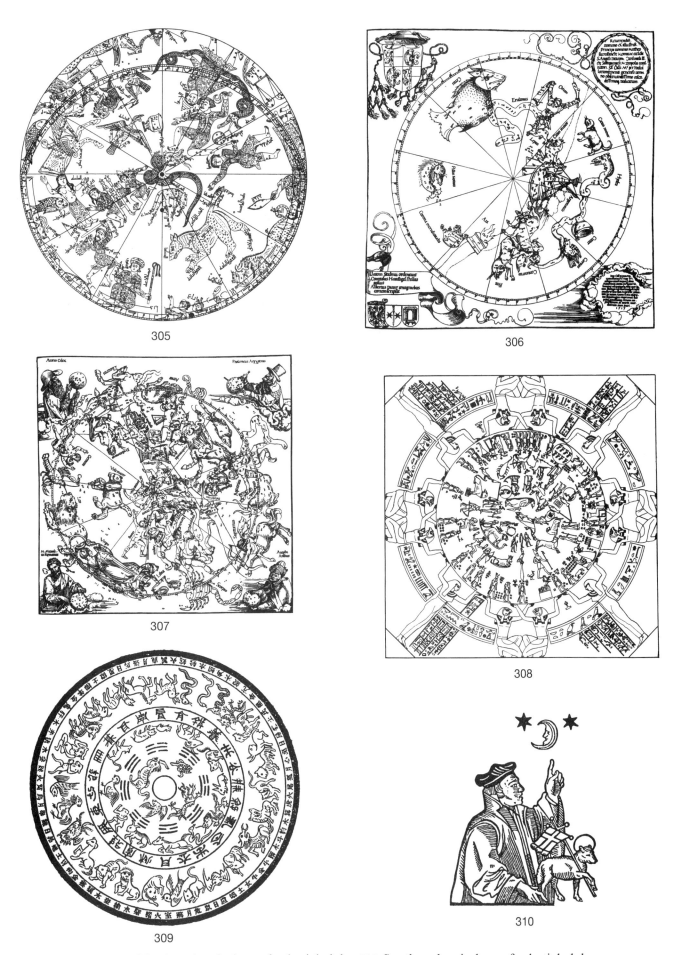

305

306

307

308

309

310

305, 307. Northern hemisphere of celestial globe. **306.** Southern hemisphere of celestial globe.
308. Egyptian celestial sphere. **309.** Chinese celestial sphere. **310.** Astronomer.

311. Northern hemisphere of celestial globe. **312.** Southern hemisphere of celestial globe. **313.** Astronomer.
314. Hydra, Crater, and Corvus. **315.** Andromeda. **316.** Aquilla. **317.** Argo. **318.** Ara.

319. Auriga. **320.** Boötes. **321.** Cepheus. **322.** Cassiopeia. **323.** Phyllirides. **324.** Canis Major.
325. Canis Minor. **326.** Cetus. **327.** Cygnus. **328.** Hercules. **329.** Corona Borealis.

37

330. Delphinus. 331. Equuleus. 332. Eridanus. 333. Lepus. 334. Lyra. 335. Serpentarius. 336. Orion.
337. Perseus. 338. Pegasus. 339. Piscis Australis. 340. Sagitta. 341. Triangulum.

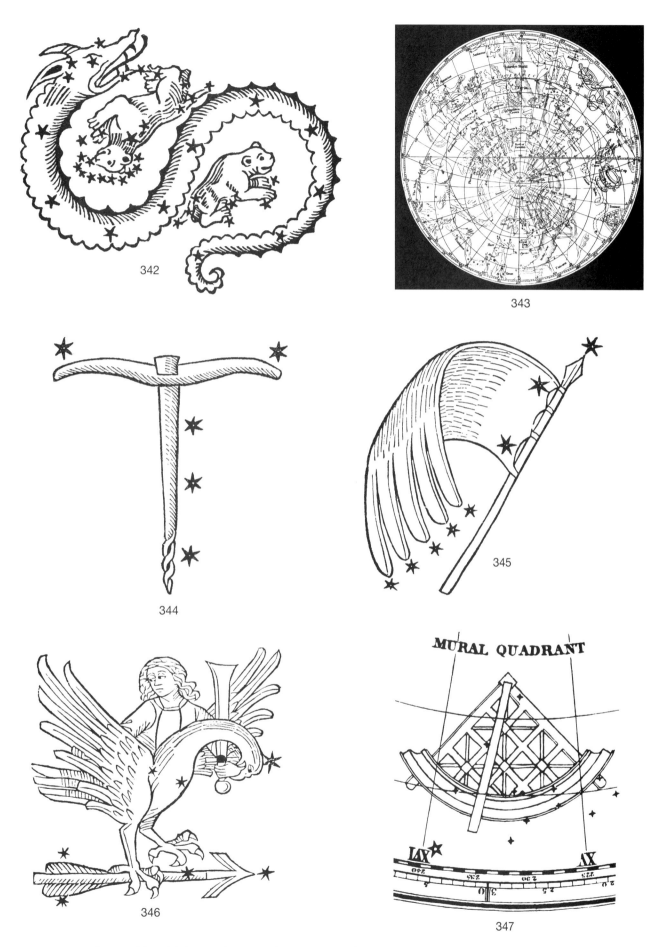

342. Draco, Ursa Major, and Ursa Minor. **343.** Southern celestial hemisphere. **344.** Terebellum.
345. Vexillum. **346.** Vulture Cadens. **347.** Quadrans Muralis.

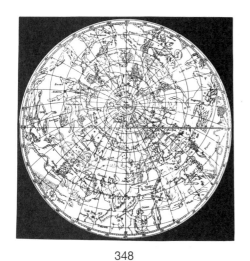

348

349

350

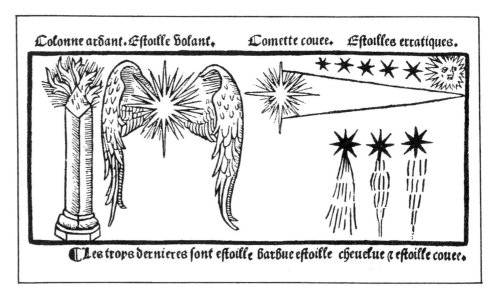

351

352

353

348. Northern celestial hemisphere. **349.** Halley's Comet. **350.** Comet symbol. **351.** Comet forms.
352. Comet of 1528. **353.** Celestial legions bombarding the earth with meteorites.

354

355

356

357

358

359

360

361

354. From *Description of the Comet of 1596.* **355.** Types of comets. **356.** Comet of 1812.
357. Comet symbol. **358–361.** Ceres symbols.

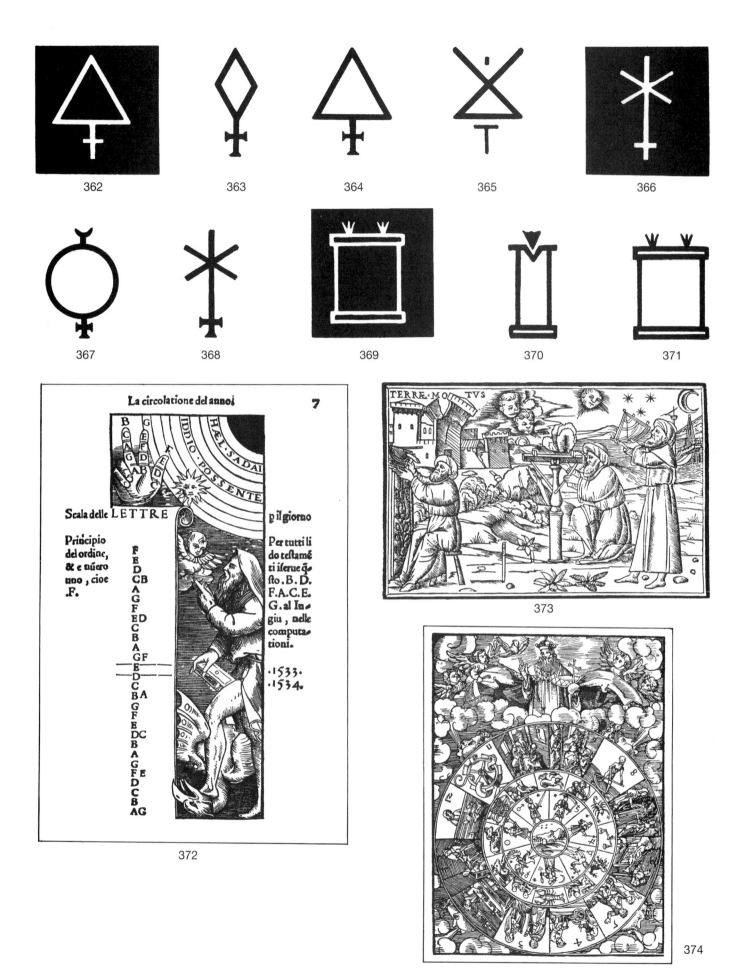

362–365. Pallas symbols. 366–368. Juno symbols. 369–371. Vesta symbols. 372. Chaldean astrologer.
373. Arabian astrologers scanning the heavens. 374. The horoscope.

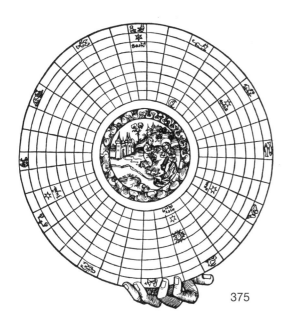

375

376

377

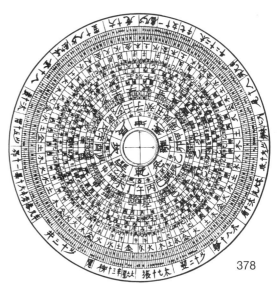

378

379

380

375. Horoscope position of the planets and constellation at the birth of Christ. **376.** Nostradamus.
377, 379. Casting a horoscope. **378.** Chinese geomancer's compass. **380.** Astrologer and fortune teller.

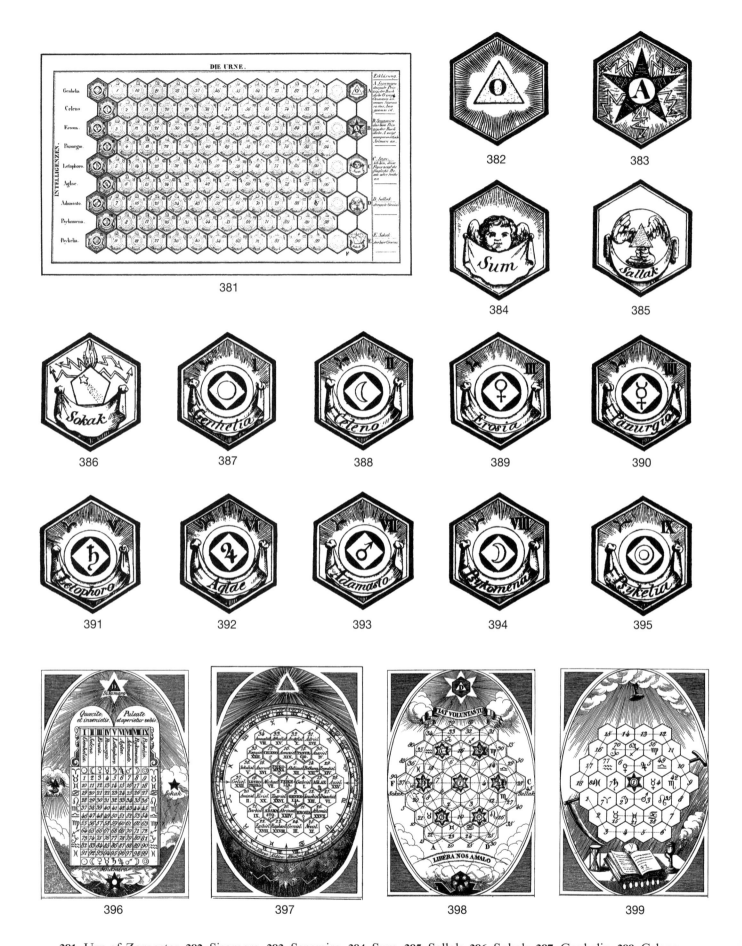

381. Urn of Zoroaster. **382.** Sisamora. **383.** Senemira. **384.** Sum. **385.** Sallak. **386.** Sokak. **387.** Genhelia. **388.** Celeno.. **389.** Erosia. **390.** Panurgio. **391.** Letophoro. **392.** Aglde. **393.** Adamasto. **394.** Psykomena. **395.** Psykelia. **396.** Chart of the spirits. **397.** Great star guide. **398.** Great mirror. **399.** Great guide.

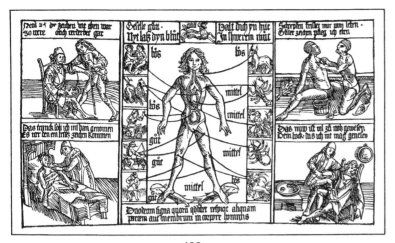

400

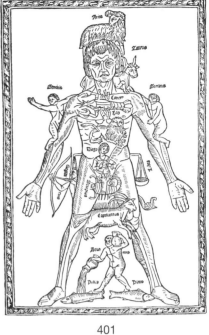

401

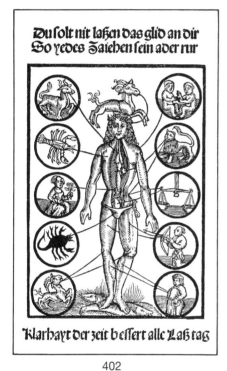

402

403

404

405

400. Bloodletting and cupping chart. **401, 402.** Homo Signorum. **403, 404.** L'Homme Phlébotomique.
405. Alchemists and planetary metals.

406

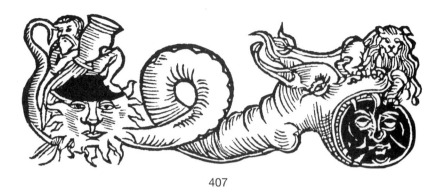

407

408

409

410

406. Fountain of life. **407.** Alchemic sky dragon. **408.** Hermetic tree of knowledge.
409. Hermaphroditus. **410.** Mountain of the Adepts.

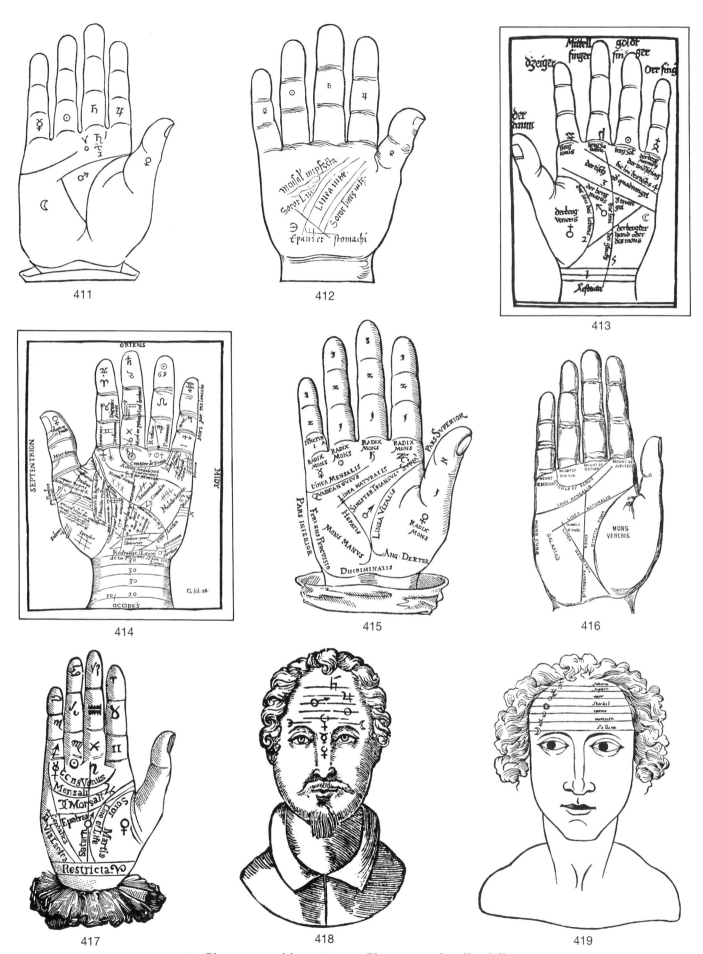

411–413. Planetary positions. **414, 417.** Planetary and zodiacal diagrams.
415. Planetary positions. **416.** Planetary mounds and lines. **418, 419.** Position of the planets.

47

420

421

422

423

424

425

426

420–425. Tarot cards. **426.** Astrological cartomancy.